AF102110

This Notebook Belongs To

____

www.ingramcontent.com/pod-product-compliance
Lightning Source LLC
La Vergne TN
LVHW081540060526
838200LV00048B/2156
* 9 7 8 0 3 5 9 6 4 7 1 3 2 *